Día de la Bandera

Sheri Dean

Gareth Stevens
PUBLISHING

Please visit our website, www.garethstevens.com.
For a free color catalog of all our high-quality books,
call toll free 1-800-542-2595 or fax 1-877-542-2596.

ISBN 9781538251836 (pbk.)
ISBN 9781538251843 (eBook)

New edition published 2020 by
Gareth Stevens Publishing
111 East 14th Street, Suite 349
New York, NY 10003

Translator: Zab Translation Solutions
Art direction: Haley Harasymiw, Tammy Gruenwald
Page layout: Daniel Hosek, Katherine A. Goedheer
Editorial direction: Kerri O'Donnell, Diane Laska Swanke

Photo credits: Cover, back cover, pp. 1, 7, 9, 21 Shutterstock.com; p. 5 Gary Randall/Getty Images; p. 11
© Joel Sartore/National Geographic Image Collection; p. 13 Chris Hondros/Getty Images; p. 15 © Skjold
Photographs; p. 17 © Tony Freeman/PhotoEdit; p. 19 © Gibson Stock Photography.

Printed in the United States of America

CPSIA compliance information: Batch #CG19WL: For further information contact Gareth Stevens, New York, New York at 1-800-542-2595.

Contenido

Las palabras en **negrita** aparecen en el glosario.

El cumpleaños

¡El Día de la **Bandera** es el cumpleaños de nuestra bandera! Nuestra nación honra a nuestra bandera en este día especial.

El día de la bandera
siempre es el 14 de junio.
Muchas personas
enarbolan una bandera
estadounidense este día.

Todos los países tienen una bandera. Nuestra bandera es un **símbolo** de los **Estados Unidos de América**.

El símbolo

Los colores de nuestra bandera son rojo, blanco y azul. Nuestra bandera tiene cincuenta estrellas y trece franjas.

En el día de la bandera,
los estadounidenses
honran su bandera
y su país.
Algunas personas
marchan en desfiles.
Otras personas miran
los desfiles.

13

El cuidado de nuestra bandera

Hay reglas especiales sobre el cuidado de la bandera. Las banderas viejas y **gastadas** se quitan. Se izan banderas nuevas.

14

Las banderas que no están enarboladas deben doblarse con cuidado. La bandera nunca debe tocar el piso.

17

Nuestra bandera siempre debe estar más alta que cualquier otra bandera que esté cerca.

Estadounidenses orgullosos

Enarbolar
nuestra bandera
el Día de la Bandera
muestra que somos
estadounidenses
orgullosos.

Glosario

bandera: un trozo de tela que puede ser un símbolo de un país.

Estados Unidos de América: el país en el que vivimos.

estadounidense: algo o alguien de los Estados Unidos de América.

gastadas: descoloridas o gastadas por el uso.

símbolo: algo que representa otra cosa.

Para más información

Libros

Nelson, Robin. *Flag Day*. Minneapolis, MN: Lerner Publishing, 2010.

Olliges, Rob. *The American Flag.* Bethany, MO: Fitzgerald Books, 2007.

Shea, Therese. *Flag Day*. New York, NY: Rosen Publishing Group, 2006.

Sitios de Internet

America's Story: Flag Day Celebrated
www.americaslibrary.gov/jb/modern/jb_modern_birth_1.html
Lee una historia corta del Día de la Bandera.

The History of Flag Day
www.usflag.org/history/flagday.html
Lee sobre la historia de nuestra bandera y encuentra más información y enlaces.

Nota del editor a educadores y padres: Nuestros editores han revisado cuidadosamente estos sitios de Internet para asegurarse de que sean adecuados para los alumnos. Sin embargo, muchos sitios de Internet cambian frecuentemente y no podemos garantizar que los contenidos futuros de un sitio continuarán cumpliendo nuestros elevados estándares de calidad y valor educativo. Se recomienda que los alumnos estén supervisados de cerca siempre que accedan a Internet.

Índice

Sobre la autora

Sheri Dean es una bibliotecaria escolar de Milwaukee, Wisconsin. Fue docente de escuela primaria durante 14 años. Disfruta de presentarles libros e información a niños y adultos curiosos.